Teach me more...
CHINESE

by
Judy Mahoney

translated by Amy Xiaomin Wang
with special help from John Lei Zhang

**Learn
Chinese the
fun way!**

The Urbana Free Library

To renew materials call
217-367-4057

ISBN 0-934633-48-7

Printed in the United States of America

10 9 8 7 6 5 4 3 2 1

春天 夏天 秋天 冬天

nǐ hǎo wǒ jiào mài ruì zhè shì wǒ de gē ge tā jiào bǐ dé wǒ men yǒu
你好！我叫迈蕊。这是我的哥哥。他叫彼得。我们有
yì tiáo xiǎo gǒu tā de míng zi jiào xiǎo bō wǒ men yǒu yì zhī xiǎo māo tā de míng zi
一条小狗。它的名字叫小波。我们有一只小猫。它的名字
jiào máo mao qǐng gēn zhe wǒ men xué yì nián sì jì
叫毛毛。请跟着我们学一年四季！

你 唱 一 首 歌

Nǐ chàng yī shǒu gē   Nǐ chàng yī shǒu gē
Wǒ chàng yī shǒu gē   Wǒ chàng yī shǒu gē
Wǒ men yī qǐ laí chàng gē Hé nuǎn hán lěng de rì zi lǐ

Words and music by Ella Jenkins, ASCAP. Copyright 1966. Ell-Bern Publishing Co.

bǐ dé chūn tiān lái le wǒ zài yuán zi lǐ zhòng mǎn le xiān huā kàn nà bái sè hé huáng sè de

彼得：春天来了。我在园子里种满了鲜花。看,那白色和黄色的

lì ruǐ   jú huā   jīn nián wǒ zài yuán zi lǐ zhòng le shuǐ guǒ hé shū cài   wǒ hái zhòng le cǎo méi xī

菊花！

历蕊蕊：今年我在园子里种了水菓和蔬菜。我还种了草莓,西

hóng shì hóng luó bo juǎn xīn cài hé nán guā

红柿、红萝卜、卷心菜和南瓜。

燕麦豆

Yànmài dòu gāoliáng.
Zhǎng miáo le.
Nǐ wǒ tā shì fǒu zhīdao,
Tāmen shì zěnyàng zhòng chū lái.

Nóngmin bóbo xiān bō zhǒng,
Zhàn qǐ lái xōng kǒu qì,
Duǒ duo jiǎo pāipai shǒu,
Zhuàn ge quān er fù kàn tā de dì.

Ránhòu nóngmínzài jiāo shuǐ,
Yáng guāng pǔ zhào tā de dì......

春天来了

Chūntiān lái le! Chūntiān zài nǎlǐ?
Lái dào le shān shàng, lái dào le chūn zhuāng.
Lái dào tián dì lǐ.

Huā er kāi le! Kāi zài nǎlǐ?
Kāi zài shān shàng, kāi zài chūn zhuāng,
Kāi zài tián dì lǐ.

Niǎo er gē chàng! Zài nǎlǐ gē chàng?
Zài shān shàng gē chàng,
Zài chūn zhuāng gē chàng,
Zài tián dì lǐ gē chàng.

迈蕊 (mài ruǐ)： 今天我们去动物园。看天
jīn tiān wǒ men qù dòng wù yuán kàn
狮子、长颈鹿和猴子！
shī zi cháng jǐng lù hé hóu zi

彼得 (bǐ dé)： 动物园里我最喜欢的
dòng wù yuán lǐ wǒ zuì xǐ huān de
动物是鳄鱼。
dòng wù shì è yú

去 动 物 园

Míngtiān Māma dài wǒmen qù
Dòng wù yuán.....
Tòng kuài de wán yītiān.

Dòng wù yuán,
Nǐ qù bú qù?
Ràng wǒmen yīqǐ qù,
Tòng kuài de wán yī tiān.

Nà hóu er zài shù shàng
Huàng lái huàng qù......

È yú zài shuǐ lǐ yóu lái yóu qù......

Tingalayo

Tingalayo, yīzhī xiǎo lǘ pǎo guò lái,
Pǎo de kuài, pǎo de màn.
Pǎo guò lái, pǎo kāi le.

Tingalayo, yīzhī xiǎo lǘ pǎo guò lái,
Pǎo de kuài, pǎo de màn, pǎo guò lái,
Zǒu guò qù, shuì zài cǎo chuáng shàng,
Zài tiào wǔ, zài chàng gē, wǒ de xiǎo lǘ.

祝你生日快乐！

màiruǐ
迈蕊：五月十日是我的生日。我和我的朋友们聚在一起。妈妈
gěi wǒ zuò le yí gè yòu dà yòu yuán de dàn gāo
给我做了一个又大又圆的蛋糕。

bǐ dé
彼得：好，我们现在玩"洋洋说"。

祝你生日快乐

Zhù nǐ shēng rì kuài le!
Zhù nǐ shēng rì kuài le!
Qīng ài de Màiruǐ, qīng ài de Màiruǐ,
Zhù nǐ shēng rì kuài le!

洋洋说

Yáng yang shuō...
"Bǎ nǐ de yòu shǒu fàng zài tóu shàng!"
"Pèng pèng dì!"
"Zǒu lù!"
"Pāi pāi shǒu!"
"Shuō nǐ de míngzì!"
"Màiruǐ, Bǐdé, Léilei, Línlin."
"Dà shēng de xiào!"
"Yáng yang méiyǒu shuō."

彼得：送走了春天，迎来了夏天。夏天里我们去海边玩。我带上我的水球和玩具船在海边玩。

迈蕊：我带上装沙子的塑料桶和铁锹去海边玩。

彼得：穿上我们的游泳衣，在海边上我们搭起了城堡。

迈蕊：小波，不要把城堡推翻了！

划船

Hua ya huá zhe chuán,
Màn man de huá zhe chuán,
Měi lì de shēng huó bàn suí zhe wǒ!

航行

Jé kè háng xíng zài hǎi shàng,
Tā jiāng pèng dào wǔ shǔ de fēng làng,
Tā jiāng jīng shòu fēng bào de kǎo yàn,
Píng ān de guī lái.

迈蕊：游泳以后肚子饿极了，吃午饭吧！午饭我们吃花生酱三
明治、奶酪、红萝卜和香蕉。味道好极了！

彼得：糟糕！看那蚂蚁！

迈蕊：野餐以后我们散步、观看大海。

大海之歌

Dīdī xiǎo shuǐ zhū ya,
Lìlì xiǎo shāzi,
Bǎ hóng wěi de dà hǎi,
Zhuāng shè de gèng měi lì.

Xiǎo shuǐ pàopao zài piāo fú,
Xiǎo wuō niú zài huá xíng,
Bǎ hóng wěi de dà hǎi,
Zhuāng shè de gèng měi lì.

Suǒ yǒu de yú hé hǎi niǎo,
Shàn hú hé bèi kě,
Bǎ hóng wěi de dà hǎi,
Zhuāng shè de gèng měi lì.

Additional verses on page 16

mài ruì
迈蕊: jīn tiān wǒ men qù zì rán lì shǐ bó wù guǎn
今天我们去自然历史博物馆。

bǐ dé
彼得: zì rán lì shǐ bó wù guǎn shì wǒ zuì xǐ huān qù de dì fāng yīn wèi nà ér yǒu
自然历史博物馆是我最喜欢去的地方。因为那儿有
hěn duō kǒng lóng   kàn   nà tóu shàng dài yǒu sān zhī jiǎo de kǒng lóng
很多恐龙。看! 那头上带有三只角的恐龙!

迈蕊心：穿过马路我们去
　　　　参观艺术馆。

彼得：我最喜欢看高雅画的
　　　　公牛。我假装成斗牛士。

迈蕊心：看那凡高的画。他画的花
　　　　就象我花园里种的花。

洋 娃 娃

Qīng ài de yáng wá wa,
Tra-la-la-la-la,
Qīng ài de yáng wá wa,
Tra-la-la-la-la,
Nǐ de wēi xiào xiàng mì táng,
Nǐ de wēi xiào xiàng mì táng.

2. Zhǎn shì nǐ de wǔ zhǐ......
3. Chuān guò dà hǎi......
4. Zuò yī liǎng huǒ chē......

mài ruǐ　guò le xià tiān shì qiū tiān　qiū tiān lǐ　shù yè biàn chéng jīn huáng sè　hóng sè hé jú
迈蕊：过了夏天是秋天。秋天里树叶变成金黄色、红色和桔

huáng sè　wǒ men shōu jí shù yè　shōu jí cóng shù shàng diào xià lái de sōng guǒ
黄色。我们收集树叶、收集从树上掉下来的松果。

绿绿青草在长大

Yǒu yī kē shù,
Zài shēng lín lǐ,
Zhè kē kě ài de shù,
Nǐ chéng kàn dào
Shù zhàn zài dòng lǐ,
Dòng zhuān zài dì lǐ,
Lǜ lǜ qīng cǎo wéi zhe
Tāmen zài zhǎng dà.

Zài shù shàng, yǒu shù zhī...
Zai shù zhī shàng, yǒu fēn zhī...
Zài fēn zhī shàng, yǒu nèn zhī...
Zài nèn zhī shàng, yǒu sōng guǒ...
Zài sōng guǒ páng, yǒu shù yè...

彼得: <ruby>彼<rt>bǐ</rt></ruby><ruby>得<rt>dé</rt></ruby>: 开学之前我们参观了爷爷的农场。在农场,我们
喂牛、喂鸡、喂小猪。

迈蕊: 爷爷剪羊毛,他还带我们和表弟坐草车。

Baa Baa 小绵羊

Baa baa xiǎo mián yáng quán shēn
Máo róng rong,
Nǐ kàn, yáng máo yǐ zhuān mǎn sān dài.
Yī dài gě zhǔ rén, yī dài gè tàitai,
Yī dài gě zhù zài gé bì de xiǎo nán hái.
Baa baa xiǎo mián yáng quán shēn
Máo róng rong, máo róng róng
Yáng máo yǐ zhuāng mǎn sān dài.

老麦当劳

Lǎo mài dāng láo yǒu nóng chǎng,
Yī yā yī yā you.
Tā de nóng chǎng yǒu tóu niú,
Yī yā yī yā you.
Zhè biān jiào mū mū,
Nà biān jiào mū mū,
Lǎo mái dāng láo yǒu nóng chǎng,
Yī yā yī yā you.

......yǒu zhī jī, yǒu zhī māo, yǒu mián yáng

迈蕊: 今天爸爸妈妈带我们去参加秋收节。我们带上我们自己种的蔬菜去参加评比。

mài ruǐ jīn tiān bà ba mā ma dài wǒ men qù cān jiā qiū shōu jié wǒ men dài shàng wǒ m...
zì jǐ zhòng de shū cài qù cān jiā píng bǐ

彼得: 那儿有许多小孩玩的转圈。我喜欢玩骑马转圈。

bǐ dé nàr yǒu xǔ duo xiǎo hái wán de zhuàn quān wǒ xǐ huān wán qí mǎ zhuàn quān

彼得: 我的表姐从美国来信说: 在美国有一个节日叫"万圣节"
那天人们雕刻大南瓜做灯笼。

迈蕊: 让我们也来玩"万圣节"吧! 我装扮成小熊猫。彼得打
扮成牛仔。小波打扮成狼 听说美国孩子在万圣节那
天去邻居家要糖, 有趣极了。

彼得: 万圣节从后是十一月。

五只小南瓜

Wǔ zhī xiǎo nán guā zuò zài mén kǒu. Dì yī zhī shuō, "Ō, wǒ de tiān ya, yuè lái yuè àn le."
Dì èr zhī shuō, "Wū pó wéi zhe kōng qì zhuàn." Dì sān zhī shuō, "Wǒmen gēn běn bú hài pà."
Dì sì zhī shuō, "Ràng wǒmen kuì pǎo, kuì pǎo."
Dì wǔ zhī shuō, "Wo yǐ jīng zhǔn bèi hǎo le, wán gè tòng kuài!"
"Oo-oo," fēn lái le, bǎ liàng guāng chuī miè le, wǔ zhī xiǎo nán guā bú jiàn le.

彼得: kàn xià xuě le 看下雪了！ ràng wǒ men yì qǐ chū qù wán xuě ba 让我们一起出去玩雪罢！ dài shàng wǒ men de xuě qiāo 带上我们的雪橇，
huá xià xuě pō 滑下雪坡。 迈蕊: mài ruì rán hòu wǒ men zuò yí gè xuě rén 然后我们做一个雪人， wǒ men yòng méi qiú 我们用煤球
zuò xuě rén de yǎn jīng 做雪人的眼睛， hóng luó bo zuò tā 红萝卜做它
de bí zi 的鼻子， zài gě xuě rén dài shàng yuán mào z 再给雪人带上圆帽子
wéi shàng wǒ mā ma de wéi jīn 围上我妈妈的围巾。

雪 人

Wǒ yǒu yī gè péngyou,
Nǐ yěxǔ rènshi tā,
Tā dài zhe yuán mào zi,
Hěng shén qì.

Yī shuān hēi yǎn jīng,
Yī zhi hóng bí zi,
Liǎng zhī shù zhī shi tā de shǒu,
Chuān zhe yī shēn xuě yī.

Nǐ cāi tā jiào shén me míngzī?
Nǐ yào ge mǐdǐ ma?
Zài qiū xià chūn tiān lǐ,
Nǐ kàn bú dào tā de liǎn!

Shì shei? Nǐ néng cāi yī cāi ma?
Qǐng cāi yī xià!
Nǐ bù zhi dào ma? Nà shì ge xuě rén!

安 谧 的 夜

Shén shèng de yè,
An mì de yè,
Tiān shàng de xīng xing zài shǎn shuò,
Shèng mǔ cí mǔ mà lì yà,
Shén shèng de yīng ér duō me wēn róu,
Shàng liáng tiǎn mì de wēi xiào,
Wēn nuǎn zhe ài de rén men.

新年快乐！ 新年幸福！ 新年健康！

迈蕊： 一年一度的圣诞节来临了。
yī nián yī dù de shèng dàn jié lái lín le

为庆祝圣诞节，我们做饼干，
wèi qìng zhù shèng dàn jié wǒ men zuò bǐng gān

装饰房间，唱圣歌。
zhuāng shè fáng jiān chàng shèng gē

彼得： 一月一日是新年。除夕晚
bǐ dé yī yuè yī rì shì xīn nián chú xī wǎn

上我们聚在一起庆祝新年。
shàng wǒ men jù zài yī qǐ qìng zhù xīn nián

新 年 好

Xīn nián hǎo ya,
Xīn nián hǎo ya,
Yī nián yī dù xīn nián dào,
Xīn lǎo péng yǒu huì zài yī qǐ,
Chàng gē tiào wǔ duō rè nào.

Xīn nián hǎo ya,
Xīn nián hǎo ya,
Zhù nǐ xīn nián xīng fú kuài lè.
Xīn lǎo péng yǒu huì zài yī qǐ,
Chàng gē tiào wǔ duō rè nào.

宏伟的美国

A, měi lì hóng wěi de tiān kōng, jīng huáng sè de dào tián,
Xióng wěi de gāo shān, fù ráo de píng yuán,
Měi lì jiān zhòng hé guó, shì shàng dì de ēn cì,
Ēn cì yǔ qín láo yǒng gǎn de měi guó rén mín.

十五 shíwǔ

mài ruì：
迈蕊：二月里我们庆祝狂欢节。狂欢节有

趣极了。我喜欢上街看游行，摸糖。穿上节

日盛装我和我的朋友们唱歌、跳舞。

bǐ dé：
彼得：现在我们学了一年有十二个月。让我

们从头到尾再说一遍。

yī yuè	èr yuè	sān yuè	sì yuè	wǔ yuè	liù yuè
一月	二月	三月	四月	五月	六月

qī yuè	bā yuè	jiǔ yuè	shí yuè	shí yī yuè	shí èr yuè
七月	八月	九月	十月	十一月	十二月

zài jiàn　　　　zài jiàn
再见！　　　　再见！

Additional verses from page 6

大 海 之 歌

Suǒ yǒu de zá cǎo hǎi guī,
Jīng yú hé páng xié,
Bǎ hóng wěi de dà hǎi,
Zhuāng shè de gèng měi lì.

Hǎi tún shēng shì màn màn de
Zǎi hǎi làng shàng gǔn,
Bǎ hóng wěi de dà hǎi,
Zhuāng shè de gèng měi lì.

Cháng zuǐ dà niǎo màn yóu zhe,
Hǎi bào zài xiǎo xī,
Bǎ hóng wěi de dà hǎi,
Zhuāng shè de gèng měi lì.

Suǒ yǒu de hǎi kě hé xiǎo chóng,
Bǎ hóng wěi de dà hǎi,
Zhuāng shè de gèng měi lì.

Suǒ yǒu de xiǎo zhēn pǐn ya,
Suǒ yǒu de xiǎo niǎo,
Bǎ hóng wěi de dà hǎi,
Zhuāng shè de gèng měi lì.

TRANSLATIONS

PAGE 1
You'll Sing a Song
You'll sing a song and I'll sing a song,
And we'll sing a song together.
You'll sing a song and I'll sing a song,
In warm or wintry weather.
Words and music by Ella Jenkins. ASCAP
Copyright 1966. Ell-Bern Publishing Co. Used by permission.

MARIE: Hello. My name is Marie. This is my brother. His name is Peter. We have a dog. His name is Spot. We have a cat. Her name is Fluffy. Follow us through the year.

PAGE 2 MARCH
PETER: It is spring. I plant a flower garden. Look at my white and yellow daisies!
MARIE: I plant seeds to grow fruit and vegetables in my garden. This year, I will grow strawberries, tomatoes, carrots, cabbage and pumpkins.

Oats and Beans and Barley
Oats and beans and barley grow,
Oats and beans and barley grow.
Do you or I or anyone know
How oats and beans and barley grow?

First the farmer plants the seeds,
Stands up tall and takes his ease,
Stamps his feet and claps his hands
And turns around to view his land.

Then the farmer waters the ground,
Watches the sun shine all around,
Stamps his feet and claps his hands
And turns around to view his land.

Haru-ga Kita (Spring Song)
Spring has come; spring has come.
Where has it come? It has come to
The mountains, villages and fields.

Flowers bloom; flowers bloom.
Where do they bloom? They bloom in
The mountains, villages and fields.

Birds sing; birds sing.
Where do they sing? They sing in
The mountains, villages and fields.

PAGE 3 APRIL
MARIE: Today we will go to the zoo. Look at the lion, the giraffe and the monkey.
PETER: My favorite animal at the zoo is the crocodile.

Going to the Zoo
Momma's taking us to the zoo tomorrow,
Zoo tomorrow, zoo tomorrow
Momma's taking us to the zoo tomorrow,
We can stay all day.
Chorus:
We're going to the zoo, zoo, zoo
How about you, you, you?
You can come too, too, too
We're going to the zoo, zoo, zoo.

2. Look at all the monkeys swingin'* in the trees...
3. Look at all the crocodiles swimmin'** in the water...
Words & music by Tom Paxton. Copyright 1961, renewed 1989.
Cherry Lane Music Publishing Co., Inc.
All rights reserved. Used by permission.

*"swingin'" is slang for "swinging"
**"swimmin'" is slang for "swimming"

Tingalayo
Tingalayo, come little donkey come.
Tingalayo, come little donkey come.
Me donkey fast, me*** donkey slow,
Me donkey come and me donkey go.
Me donkey fast, me donkey slow,
Me donkey come and me donkey go.

Tingalayo, come little donkey come.
Tingalayo, come little donkey come.
Me donkey he, me donkey haw,
Me donkey sleep in a bed of straw.
Me donkey dance, me donkey sing,
Me donkey wearing a diamond ring.

***"Me" is slang for "my."

PAGE 4 MAY
Happy Birthday to You
Happy birthday to you!
Happy birthday to you!
Happy birthday, dear Marie,
Happy birthday to you!

MARIE: My birthday is May 10. I have a party with my friends. My mother bakes me a big, round cake.
PETER: OK. Now it's time to play "Simon Says!"

Simon Says Game
Simon says: ... "put your right hand on your head."
                     ... "touch the ground."
                     ... "walk."
                     ... "clap your hands."
                     ... "say your name."
                          "Marie, Peter, Léilei, Línlin."
"Laugh out loud."
"Simon didn't say!"

PAGE 5 JUNE
PETER: After spring, it is summer. In the summer, we go to the beach. I bring my beach ball and toy boat.
MARIE: I bring my sand pail and shovel to the beach.
PETER: We put on our swimsuits and build huge castles in the sand.
MARIE: Spot, don't knock it down!

Row, Row, Row Your Boat
Row, row, row your boat
Gently down the stream.
Merrily, merrily, merrily, merrily
Life is but a dream.

Sailing, Sailing
Sailing, sailing, over the bounding main
For many a stormy wind shall blow
'Til Jack comes home again.

PAGE 6 JULY

MARIE: After we swim, we eat our picnic lunch. We eat peanut butter sandwiches, cheese, carrots and bananas. It is delicious!
PETER: Oh no! Look at the ants!
MARIE: After our picnic, we go for a walk.

The Things of the Ocean

Little drops of water
Little grains of sand
Make the mighty ocean
So beautiful and grand.

Little bubbles floating
Little snails that slide
Make the mighty ocean
So beautiful and grand.

Every fish and coral
Every bird and clam
Make the mighty ocean
So beautiful and grand.

Every weed and turtle
Every whale and crab
Make the mighty ocean
So beautiful and grand.

Gentle dolphins swimming
Gentle rolling waves
Make the mighty ocean
So beautiful and grand.

Gentle gliding pelicans
A gentle seal at rest
Make the mighty ocean
So beautiful and grand.

All the tiny sea shells
All the tiny bugs
Make the mighty ocean
So beautiful and grand.

All the tiny treasures
On the tiny islands
Make the mighty ocean
So beautiful and grand.

PAGE 7 AUGUST

MARIE Today, we go to the natural history museum.
PETER: It is my favorite place because there are so many dinosaurs. Look at the triceratops. It has three horns on its head.

PAGE 8 AUGUST

MARIE: Next, we go across the street to visit the art museum.
PETER: I like to look at the bulls in Goya's painting. I pre-

tend I am the matador.
MARIE: Look at the painting by Van Gogh. The flowers in his painting look like the ones in my garden.

Brown Girl in the Ring

Brown girl in the ring,
Tra-la-la-la-la (repeat)
She looks like a sugar
And a plum, plum, plum!

2. Show me a motion...
3. Skip across the ocean...
4. Do the locomotion...

PAGE 9 SEPTEMBER

MARIE: After summer, it is autumn. The leaves turn gold, red and orange. We gather leaves and acorns that fall from the trees.

The Green Grass Grew

There was a tree
In all the woods,
The prettiest tree
That you ever did see.

The tree in the hole
And the hole in the ground,
The green grass grew all around, all around
And the green grass grew all around.

And on that tree
There was a limb ...

And on that limb
There was a branch ...

And on that branch
There was a twig ...

And on that twig
There was an acorn ...

And by that acorn
There was a leaf ...

The leaf by the acorn
And the acorn on the twig
And the twig on the branch
And the branch on the limb
And the limb on the tree
And the tree in the hole
And the hole in the ground,
The green grass grew all around, all around
And the green grass grew all around.

PAGE 10 OCTOBER

PETER: Before we go back to school, we visit Grandpa's farm. We feed the cows, chickens and pigs.
MARIE: Grandpa shears the wool from the sheep. Later, he takes us on a hayride with our cousins.

Baa Baa Black Sheep

Baa baa black sheep, have you any wool?
Yes sir, yes sir, three bags full.
One for my master and
One for my dame,
One for the little boy who lives down the lane.
Baa baa black sheep, have you any wool?
Yes sir, yes sir, three bags full.

Old MacDonald

Old MacDonald had a farm, E I E I O
And on that farm he had a cow, E I E I O
With a moo, moo here and a moo, moo there
Here a moo, there a moo, everywhere a moo, moo
Old MacDonald had a farm, E I E I O.
... had a chicken, cat, some sheep.

PAGE 11 OCTOBER

MARIE: Today our parents take us to the fall festival. We bring the vegetables from our garden to be judged.
PETER: There are many rides for the children. I love to ride the merry-go-round.

PAGE 12 OCTOBER AND NOVEMBER

PETER: A letter came from our cousin who lives in the United States. In the U.S. they have a holiday called Halloween and they carve a big orange pumpkin to make a latern.
MARIE: Let us play Halloween. I become a panda. Peter plays a cowboy. The dog is a wolf. I heard that American children go trick-or-treating on Halloween. It sounds like fun.
PETER: After Halloween, it is November.

Five Little Pumpkins

Five little pumpkins sitting on a gate
First one said, "Oh my, it's getting late."
Second one said, "There are witches in the air."
Third one said, "But we don't care."
The fourth one said, "Let's run and run and run."
The fifth one said, "I'm ready for some fun."
"Oo-oo," went the wind, and out went the light,
And the five little pumpkins rolled out of sight.

PAGE 13 DECEMBER

PETER: Look, snow is falling. Let's go and play in the snow. We take our sleds and slide down the hill.
MARIE: Then we'll build a huge snowman. He has coal eyes, a carrot nose and a derby hat. He wears my mother's scarf.

Snowman Song

There's a friend of mine
You might know him, too
He wears a derby hat
He's real cool.

He has coal black eyes
An orange carrot nose
Two funny stick-like arms
And a snowy overcoat.

Have you guessed his name
Or do you need a clue?

You'll never see his face
In autumn, summer, spring.

Who is it?
Can you guess?
C'mon, guess!
C'mon, don't you know?
It's the snowman!
©Teach Me Tapes, Inc. 1989

Silent Night

Silent night, holy night,
All is calm, all is bright.
'Round yon Virgin, Mother and Child,
Holy infant, so tender and mild,
Sleep in heavenly peace,
Sleep in heavenly peace.

PAGE 14 DECEMBER AND JANUARY

MARIE: It is holiday time. We celebrate Christmas. We bake cookies and decorate our house. We sing Christmas songs.
PETER: January first begins the New Year. We have a party to celebrate on New Year's Eve.

Hello New Year

Hello New Year, hello New Year
Once a year the New Year comes
Only once a year.
Old friends, new friends
We get together singing and dancing.

Hello New Year, hello New Year
We wish you a happy New Year
Old friends, new friends
We get together singing and dancing.

PAGE 15 FEBRUARY
America the Beautiful

Oh, beautiful for spacious skies.
For amber waves of grain.
For purple mountains majesty,
Above the fruited plain.
America, America,
God shed His grace on thee.
And crown thy good with brotherhood,
From sea to shining sea.

PAGE 16 FEBRUARY

MARIE: In February, we celebrate the Mardi Gras carnival. It is fun. I like to catch candy at the parade. We wear costumes and sing and dance with our friends.
PETER: Now we know the months of the year. Do you?

January, February, March, April, May, June, July, August, September, October, November, December. Good-bye!

Teaching guides and additional learning materials are available: Call 612-933-8086 or toll-free 800-456-4656.

©Teach Me Tapes, Inc. 1997
B-1 Opus Center, 9900 Bren Rd. E.
Minnetonka, MN 55343